QUÉ ES
EL
HUMOR

colección qué es

QUÉ ES
EL
HUMOR

ROBERTO VILLAR BLANCO

ISBN: 979-13-88205-14-9
Depósito Legal: M-6749-2026
Colección: QUÉ ES

Impreso y encuadernado en España

Contenido

Dedicado a Daniel "Dani" Domínguez y a Cristóbal "Cristo" Ruiz, escritores, guionistas y amigos.

Presentación:
Acercamiento con pies de plomo

Fuera de lo que es propiamente humano no hay nada cómico. Un paisaje podrá ser bello, sublime, insignificante o feo, pero nunca ridículo. Si reímos a la vista de un animal, será por haber sorprendido en él una actitud o una expresión humana. (…) Muchos han definido al hombre como *un animal que ríe*.

Henri Bergson: *La risa*

El humor es quizá —¿quién soy yo para asegurarlo?— la más alta expresión de la inteligencia. Solo los humanos podemos sonreír y reír, y hacer sonreír y reír. Los animales no pueden ejercer el humor. Las hienas no ríen. Otra cosa bien distinta es que, con fines didácticos o morales, hayamos dotado a los animales —en las viejas fábulas y en los nuevos dibujos animados herederos de aquéllas— de características y conductas humanas.

No podemos carecer de humor, en algún grado, de algún estilo. No hablo del humor como ejercicio profesional, sino del modo en que envolvemos nuestro paso por la vida. El humor como actitud risueña, quiero decir. Como tono general del que nos acompañamos. Como signo de la paradójica y profunda ligereza con que afrontamos la vida. Reír no es fácil ni difícil, ni muy probable ni imposible: el hombre ríe y sonríe a su pesar. Más allá de los tipos de humor, de los variados sentidos del humor y de la oportunidad en su aplicación, exhibición y recepción, solo los humanos contamos con este aliado para la vida.

Todo humor, entonces, es inteligente. Incluso el disfrute de uno especialmente soez, sádico o tonto evidencia un alto grado de talento. Todos son un ejercicio de ingenio. Luego, afinando el matiz de acuerdo con nuestro gusto particular, podemos elevar la calificación si quien recibe y/o ejerce ese tipo de humor, digamos burdo, cuenta con el don de la oportunidad: nada más desasosegante que un comentario intencionadamente gracioso emitido en el momento menos oportuno. Saber el qué, el cuándo y el cómo es signo de una inteligencia superior (que nada tiene que ver con ser culto). Perder la oportunidad de callar devalúa rápidamente a una persona, tanto como aprovechar el momento exacto para hacerlo la eleva en el ranking de la admiración. De la mía, desde luego.

No soy un teórico del humor. Sí un trabajador del humor. Alguien que, entre otras actividades, vive de escribir y describir cuestiones sociales o de actualidad, e incluso íntimas, a través del prisma del humor. Eso no me convierte en alguien con más o con mejor humor, pero sí —como todos— en alguien con un determinado espíritu humorístico.

Se suele decir —y seguramente en algunos casos es así— que quienes se dedican profesionalmente al humorismo son personas serias, que sonríen y ríen poco, taciturnas e, incluso, decididamente amargadas. En cualquier caso, se puede —y es de agradecer— hacer humor sin llevar permanentemente visible el estandarte del humor, sin enfatizar. "Más vale caer en gracia que ser gracioso", dice desde hace siglos la frase popular. Del mismo modo en que no le exigimos a un cardiocirujano que se mueva por la vida operando a corazón abierto al primero que se cruza en el metro o en la panadería; o agradecemos que un bombero prescinda en su tiempo libre de su manguera y no vaya apagando fuegos inexistentes fuera de su horario de trabajo; no esperemos, ni pidamos, que el supuesto gracioso nos lo demuestre a todas horas y en cualquier ámbito.

Escribo, releo, encuentro. Caigo en la cuenta de que estoy desarrollando disquisiciones que inicialmente no tenía en mente. Creo que estoy dándole vueltas, indirectamente, al humor, pero, sobre todo, al *sentido* del humor. Es decir, a esa piel risueña con que nos vamos cubriendo desde antes de nacer. Absorbiendo la forma de ser y de no ser de quienes nos preceden, quienes nos conciben, nos reciben en este mundo disparatado, nos educan, nos forman y deforman (nos dan forma), los que forman parte de la preparación de esa receta individual que somos. Y que nunca dejamos de ser, integrando cada día nuevos ingredientes, condimentos, tiempos de cocción, adornitos vanguardistas, sofritos clásicos.

Procuro acercarme al humor con humildad intelectual. Es decir: con el bagaje conformado por lo que uno cree dominar, por lo que uno sabe que domina a medias e, incluso, por lo que desconoce casi por completo.

Ignoro cuán dificultoso es definir el humor, de lo que estoy seguro es de que es imposible hacerlo utilizando solo una definición. Es impracticable condensar el humor en una fórmula. Ni siquiera es viable hacer eso en el intento de definir un determinado humor, uno concreto. El humor es una materia neblinosa, resbaladiza. Es un gran tema, como el amor, la poesía, la muerte o la fe. A esos inabarcables abismos uno se asoma con cuidado, sin sirenas ni pancartas, con más dudas que certezas y con la esperanza de que el azar le eche una mano.

La experiencia propia y la de los demás, las lecturas, el regreso a las fuentes en las que bebimos en la infancia, y la socialización en la recepción y el ejercicio del humor —saber de qué nos reímos y cómo hacemos reír, o qué herramientas del espíritu utilizamos para ceder la cantidad y el tipo de jovialidad que transmitimos en nuestra vida diaria— son las materias en las que hay que sumergirse, a las que hay que oír, las que debemos buscar. Tanto para escribir un librito como este, como para, simplemente, vivir nuestra vida.

Supongo que un estudioso del tema, un científico, conocerá y manejará otras vías, otros caminos que lo conduzcan a la certificación o refutación de sus teorías, pero yo no soy un científico, ni —eso tenedlo por seguro— tampoco un *coach*. Por lo tanto, no me vestiré con un lenguaje que me haga parecer sabio en la materia, ni recurriré a gráficos que traduzcan a cifras mensurables los conocimientos y desconocimientos que manejo. No me estoy excusando, solo estoy delimitando el enfoque desde el que me propongo responder a la pregunta del título de este libro.

Que ya me podrían haber hecho otra, la verdad.

᠕ ᠕ ᠕

De adolescente leí en una revista —no recuerdo en cuál— que, para explicar de una manera comprensible a niños pequeños qué son algunas cosas, algunos objetos o materiales más o menos complejos de asimilar por ellos, es mejor contestar a su inquietud respondiendo *para qué sirve* en lugar de sentenciar lo *que es*.

—Mamá: ¿Qué es la sal?
—La sal sirve para dar sabor a los alimentos.

"Es un mineral", sería una respuesta natural, sensata y adecuada si quien preguntara fuera una persona a la que se le presupone una capacidad de entendimiento mayor que la de un niño de seis años, por ejemplo. Explicar qué es un mineral es más complejo que definir la sal por la utilidad que tiene.

Ahora que rememoro esas líneas que se me han quedado grabadas, creo que esta estrategia divulgativa resulta útil no solo para hacer comprensibles cuestiones más o menos complejas a esos seres humanos del futuro que son los niños. A mí, todo un señor ya, también es conveniente explicarme según qué áridas cuestiones contestándome para qué sirven en lugar de hacerme saber qué son. Quizá esta metodología —para mí por aquel entonces todo un descubrimiento— no sea más que una trillada fórmula pedagógica utilizada por docentes, padres y políticos para trasladar a nuestras cabecitas pensamientos, conocimientos y consignas. En cualquier caso, humildemente, me parece una metodología muy eficaz.

Observo que, quizá porque me viene bien observar eso, en la pregunta *¿para qué sirve?* cabe —es casi sinónimo— la pregunta ¿qué hace? Si respondo al interrogante ¿para qué sirve la sal?, estoy también respondiendo la pregunta ¿qué hace la sal?

Así, desafiando al título de este libro, llego a *qué hace el humor*.

El humor altera los valores, genera un desajuste de la racionalidad, gesta imprevistos que se entrometen en lo esperable. Para explicar esto no encuentro nada mejor que salir a caminar y dejar que la casualidad nos permita pisar una piel de plátano.

Pero antes, procedo a despedir esta presentación.

¿Qué es el humor? es la pregunta con la que me conquistó mi editor. Esa interpelación me llevó a aquella lección de la sal aprendida unas cinco décadas atrás. A veces cuesta encontrar la punta del hilo por la que comenzar a desenredar el ovillo. Creo que mi *para qué*, ahora que aún sigo tanteando el arranque de este proyecto, podrá serme de gran ayuda.

—Mamá: ¿qué es un marido?
—Pregúntale a tu padre.

Muestro mis cartas. Pretendo que este texto, además de ofrecer una visión personal que responda a la pregunta que aparece a un tamaño respetable en la cubierta (sin interrogaciones, eso sí), resulte ser un libro risueño, incluso ameno —si la inspiración en la que no creo me asiste—, gracioso.

Un libro sobre el humor y con humor.

Agradezco la libertad que el editor me ha concedido para irme por las ramas que me alejan del tronco del discurso científico y sesudo que, en mi caso, habría sido pseudo-sesudo, para colmo. Otra cosa es que consiga ser fiel a estas consignas que me propongo honrar y respetar hasta que la falta de humor nos separe.

—Mamá: ¿qué es la sal?

—Sirve para dar sabor a los alimentos.

—Ah, yo creía que era un mineral...

Ahora sí, salgamos a la calle a pisar pieles de plátano.

Pisando una piel de plátano

¿El humor? No sé lo que es el humor. En realidad, cualquier cosa graciosa, por ejemplo, una tragedia.

Buster Keaton

Las apariciones repentinas, las irrupciones, conducen al drama más o menos descarnado y al humor más o menos... humorístico. Estamos en manos del azar en mayor medida de lo que nos gustaría admitir. Sabemos que vivir es una actividad peligrosa, aunque conscientemente finjamos ignorarlo. Al no morirnos más que una vez en la vida, cada segundo que pasa nos estamos exponiendo a morir. A *morir para siempre*, que decía un amigo redundante. No hay día que no surja, al menos, un imprevisto más o menos reseñable. Y no hay estupefacción que no lleve en sí la posibilidad de exhibir alguna forma de humor. También alguna forma de desgracia.

El azar determina un cambio repentino, un giro de guion, un desvío de dirección en la sucesión lógica que, de no haber novedades, nos conduciría previsiblemente de un sitio a otro.

Salimos a caminar rumbo a la panadería y, si todo sale como está previsto, antes o después llegaremos a la panadería. Pero si en el trayecto hacia la hogaza de pan de maíz pisamos la piel de plátano habrá una ruptura —quizá también la rotura de algún hueso— que nos sorprenderá y nos impondrá una reacción, la ejecución de un movimiento en principio no previsto. Reaccionaremos como buenamente podamos, con mayor o menor acierto, oportunidad, celeridad, capacidad de asombro o entereza ante el ridículo.

El de la piel de plátano es un reiterado gag cómico muy explotado en el cine mudo, se trata de un valor seguro, un recurso primario y primordial ante el cual es difícil, tengamos la edad que sea, no sucumbir a la sonrisa o a la carcajada más o menos culposas. Fue puesto en escena por primera vez por **Charles Chaplin** y repetido en multitud de ocasiones —con histrionismo más o menos eficaz— en aquel cine mudo, también ya en el sonoro, en dibujos animados y en tebeos. El gag de la piel de plátano a la vez que explica el mecanismo de la comedia física (*slapstick*), sirve también para exponer el de la improvisación y, como mueve a la risa, es además eficaz para acercarnos a la huidiza definición del humor.

Pues eso: un peatón camina por la acera dirigiéndose confiadamente de un punto a otro (rutina esperada), repentinamente, al no advertir su presencia en el suelo, pisa una piel de plátano (elemento inesperado, azaroso) que le provoca una morrocotuda caída (consecuencia imprevista) que da lugar a la sonrisa, risa o carcajada del espectador.

ᛃ   ᛃ   ᛃ

A partir del momento en que el viandante confiado resbala al pisar la piel de plátano, propongo imaginar su desesperada búsqueda, instintiva, de rápidos equilibrios, que a su vez generan cómicas volteretas tendentes a evitar la caída. No se trata más que de improvisaciones que el cuerpo se ve obligado a hacer para eludir el embarazoso, frustrante y humillante —también gracioso— final: la traición de lo esperable, la caída más o menos estrepitosa rompiendo la sucesión del normal transcurrir de la predecible caminata. A veces, el acto reflejo de la improvisación evita la caída, el fracaso (nos reímos menos), encontrando una salida decorosa; otras, el vertiginoso tiempo transcurrido entre la ruptura del normal devenir y el estridente final concluye y sobreviene el desenlace (nos reímos más). En cualquier caso, el actor, o el personaje ilustrado, se ha visto obligado a improvisar para evitar la caída y, al hacerlo, suma grados de humor con cada voltereta.

Se trata siempre de un desajuste temporal de la realidad. Sería insoportable si tal desajuste, necesario para dar paso al humor, fuera continuo, permanente y reemplazara así nuestro acontecer vital sin sobresaltos notables. Es decir: si la vida fuera solo humor, no sería vida. Esa excepcionalidad es parte intrínseca del humor. Puede ser frecuente, eso sí, pero sería una tortura insoportable si fuera permanente. No tardaríamos en morir. De risa, quizá —o de sonrisa permanente que, conjeturo, es una muerte más lenta y dolorosa—, pero, en cualquier caso, nuestros días estarían contados.

Se me podrá decir que este mismo proceso, a mi entender didáctico para definir una acepción de *gracia*, puede servir también para definir el concepto de *desgracia*. O, al menos, de alguna determinada desgracia. Y yo responderé: *Sí, claro: comencé este capitulillo diciendo eso.* La piel de plátano funciona perfectamente como desencadenante, como detonante, según nos gusta decir a los guionistas consagrados y a los de pacotilla. Y como metáfora. Es fácilmente intercambiable por otro elemento que dispare la tragedia. Incluso, sin cambiar el detonante, si quien pisa la piel de plátano es un anciano y la consecuencia de la caída es una rotura de cadera que le causa un dolor terrible, el humor se aleja y la tragedia se acerca. Y si cambiamos "Piel de plátano" por "Invasión de Polonia por parte de Alemania", ya tenemos el desencadenante de una tragedia de tragedias.

No es sorprendente que Humor y Tragedia se disputen la resolución de las situaciones imprevistas y nos partan la tarde, la crisma o la vida. Humor, tragedia, vida, muerte, risa y llanto son, si se me permite el socorrido símil —permítaseme: no se me ocurre otro— dos caras de la misma moneda. El humor, la vida, la muerte, el amor, la poesía... son vecinos muy bien avenidos. Comparten mecanismos, beben de las mismas aguas.

El gran **Woody Allen** tiene muy claro esto de las vecindades entre poesía y humor:

> Cuando uno cuenta o escribe un chiste, el factor de la concisión es fundamental, como ocurre con la poesía. En muy pocas palabras condensas un sentimiento y todo depende de lo bien equilibradas que estén. Por ejemplo: 'No tengo miedo a morir. Simplemente no quiero estar presente cuando eso suceda' es una frase que expresa algo de forma sucinta y si se emplea una sola palabra de más o menos pierde fuerza.

Seguiremos hablando de estas cuestiones más adelante. En un "más adelante" que, no temáis, ocurrirá antes de la última página de este libro.

En los juegos, en los deportes, los jugadores se hallan constantemente expuestos a un futuro imprevisible. Salen a la cancha o a la pista sabiendo que todo puede ocurrir. El azar, con sus giros copernicanos o infinitesimales, pondrá al jugador ante una cantidad innumerable de disyuntivas imprevistas, lo conminará a reaccionar en una décima de segundo para evitar el gol; para convertirlo; para frustrar la sorprendente propuesta del rival, esquivar el golpe, darlo... Deberá improvisar. En el campo de juego de la vida —puedo ser muy hiperbólico si me lo propongo—, incluso en la de los que jamás hemos pisado un gimnasio, ocurre lo mismo. Como consecuencia de ello —y quizá no lo repita más— generamos y/o recibimos una muestra de humor. O de tragedia. Sí, o de tragedia.

Al improvisar se disparan fogonazos previamente escritos en nuestra psique que permanecen agazapados hasta que se ven obligados a salir a escena. Estas llamaradas imprevistas, además de presentarse en sueños, chistes, equívocos, olvidos, también lo hacen en ideas y acciones improvisadas que emergen a la conciencia, con más o menos acierto y sentido de la oportunidad, en el momento en que resulta propicia o factible su aparición. Al pisar azarosamente una piel de plátano, por ejemplo.

Improvisamos maravillosas y continuas espontaneidades. Y lo hacemos siempre acotados por un envoltorio, el de un guion imperceptible, pero férreo. Improvisar es un recurso de la inteligencia. Recurso muy admirable en muchos casos. Y no pierde su esencia ni su prestigio por aceptar que también las improvisaciones están, de un modo u otro, regladas. Son guiones subrepticios que, eventualmente, se dan a conocer, se quitan el antifaz y propulsan risas y/o llanto.

Recurro a una de las definiciones del biólogo suizo pionero de la psicología evolutiva, **Jean Piaget**, que recuerdo desde mis lejanos estudios de Psicología: "Inteligencia es la capacidad de adaptarse a situaciones nuevas". Evolución. Adaptación y readaptación. Adquisición sucesiva de las herramientas adecuadas para la vida. Y, también, improvisación, ese recurso con que nos enfrentamos al azar.

El humor es una herramienta. Manejarla —inevitablemente hemos de hacerlo— trae consecuencias con las que hemos de lidiar. El humor es un arma poderosa. Más adelante veremos que también es un escudo. Me parece adecuado despedir este capítulo sentenciando que «un gran poder conlleva una gran responsabilidad», adagio, del siglo I a. C., que Spiderman —quizá por habérsela escuchado a Stan Lee, su padre— retomó dos mil años más tarde.

"Explicar la naturaleza de la risa y de las lágrimas equivale a revelar la condición humana, pues en cierto sentido esta última se compone de aquéllas", escribió **William Hazlitt**. También, y en la misma página de su libro *Sobre el ingenio y el humor* —al que volveremos—, puedes leer que "el hombre es el único animal que ríe y llora, pues solo a un animal como él le asombra la diferencia entre lo que son las cosas y lo que deberían ser.

Comienzan a aparecer palabras que otorgan el armazón a cualquier posible explicación del humor y la comedia. Discontinuidad. Diferencia. Accidente. Ambigüedad. Contraste. ¡Incongruencia! Palabras que nos ayudan a elaborar un mapa difuso y cambiante: cuanto más cartografiamos los caminos que emprendemos, nuevas geografías se nos presentan.

"La discontinuidad de nuestras sensaciones es lo que produce una discordancia en el marco general". La historia de la piel de plátano es otra manera de decir aquello que Hazlitt dijo en el siglo XIX: discontinuidad es pisar la piel de plátano; como consecuencia de este inesperado contratiempo se rompe el marco general, es decir, el natural devenir.

El humor surge de una contradicción entre dos ideas o dos sentimientos: uno plácido, habitual o esperable, y el otro inesperado, sorprendente.

BREVE HISTORIA DEL HUMOR, INCOHERENCIA, CHISTE E INGENIO

El humor es la descripción de lo ridículo tal y como es en sí mismo; el ingenio es su revelación, ya sea por comparación o por contraste con otra cosa. El humor es producto de la naturaleza y del accidente: el ingenio lo es del arte y de la imaginación.

William Hazlitt: *Sobre el ingenio y el humor*

El humor es una actividad social y, como tal, ha evolucionado —y lo seguirá haciendo— a través de las diferentes épocas históricas. No siempre ha estado bien visto que sonriéramos, riéramos y mucho menos que nos carcajeáramos. No era propio de gente civilizada, de espíritu elevado, tener una actitud risueña y, mucho menos, exhibirla públicamente. Siempre ha habido clases, y también el ejercicio del humor era —y estimo que, en menor medida que antaño, lo sigue siendo— un claro baremo que indicaba a qué clases pertenecía el dicharachero, el sonriente, el burlón: a las más bajas.

Una cosa era la diversión ilustrada —discreta, recatada, incluso secreta— y otra, las vulgares carcajadas del pueblo llano, que por inculto no se abstiene de reírse con todo el cuerpo, revolcándose por los suelos fangosos, refocilándose cual cerdo sin recato alguno (si estoy resultando demasiado hiperbólico me lo decís). Como señala el crítico literario británico **Terry Eagleton**, ya **Aristóteles** marcaba la "diferencia entre el humor de la gente educada y la maleducada". Virtuosos eran quienes ejercían el ingenio —ya hablaremos de esa forma de humor—, y ese ejercicio era una de las "tres virtudes sociales", las otras dos eran la amistad y la sinceridad. Ingenio, amistad y sinceridad como premisas para bordar en el escudo de una hermandad compuesta por personas clasistas con las necesidades básicas más que satisfechas, no está mal. Estas tres virtudes eran exclusivas de las esferas sociales más acomodadas. A los no pertenecientes a ellas es fácil imaginarlos como seres groseramente risueños (los mismos que se reían antes en el fango), que gastaban su escaso tiempo libre en sentir, precisamente, ese simulacro de libertad y evasión que les proporcionaba burlarse e insultar, con algún tipo de gracejo, a quienes los sometían.

El ejercicio del humor, ejecutado por los parias de esas tierras en aquellos tiempos, funcionaba a modo de *descarga* —volveremos pronto a esta palabra, porque tiene mucho que ver con los mecanismos del humor—, de alivio psicológico. Era un consuelo casi físico: sabemos que, desde tiempos inmemoriales, despotricar contra el poder —defecar simbólicamente sobre él— relaja mucho.

Platón, por su parte, más que sugerir ordena que los guardianes —conformados por las dos clases más altas: gobernantes y auxiliares— no sonrían ni en sueños, por muy húmedos y placenteros que estos sean.

En la Edad Media la risa no se concebía oficialmente dentro de las normas de relación social. Nadie sonreía al cruzarse con el vecino por las mañanas. *Etiqueta* y *risa* eran términos opuestos: si ejercías uno ignorabas el otro. Por supuesto, la risa estaba absolutamente excluida del culto religioso. Bromas, las justas. Ni siquiera las justas.

El miedo que sentía el poder ante el humor era muy notable en aquellas sociedades. Y lo sigue siendo en estas. Es peligroso que muchas personas rían juntas. Por un lado, a la autoridad le resulta inquietante comprender que mucha gente riendo, unida por el humor, puede resultar una llamada a la anarquía, al desorden, a la desobediencia. Y hasta ahí podíamos llegar.

Como dice el bueno, y a estas alturas ya muy querido por mí, de Terry Eagleton, "la risa tiene un elemento democrático que la vuelve peligrosa, ya que, a diferencia de actividades como tocar la tuba o la neurocirugía, está al alcance de cualquiera". Retomaremos más adelante esta relación que tenemos con la autoridad. Me resulta muy interesante, como ya insinué, conocer por qué nos permitimos la sátira, la crítica y la burla. Por qué nuestro padre —también nuestro papá-Estado— nos permite esos desahogos. Tolera que nos pasemos un poco. Pero sin pasarnos demasiado, ¿eh?

Como seres sociales, disfrutamos riendo en compañía de otro u otros. Mostramos así cierto espíritu de cooperación. Incluso cuando reímos entre desconocidos. El humor aglutina. Nos entrega el carné de un club de risueños, aunque se trate de un club cambiante, formado, frecuentemente, por socios anónimos. El humor es un modo de sentirnos parte de algo más grande. Nos permite decirle a otro que somos personas tan amables como él: nos reímos juntos del mismo chiste de suegras; del mismo chiste acerca del tamaño de ciertas partes de ciertos cuerpos; de la ineptitud del gobierno y de la oposición. Nos podemos reír más o menos, preferir un tipo de humor a otro, pero, en cualquier caso, compartimos un código de pertenencia. Disfrutamos juntos. Nos demostramos que tenemos sentido del humor. Quizá fuera del momento que nos reúne, cuando se acabe la función, comiencen a aparecer matices diferenciadores entre el tipo este que tenía al lado y con el que compartí risas, y el sieso en que se ha transformado camino de la salida del teatro. Pero durante un buen rato confiamos en el otro, no temimos ninguna reacción insatisfactoria por su parte, ni nos despertó un sentimiento negativo que nos arruinara ese festivo momento. Con risueña solidaridad jugamos en el mismo equipo. En cierto modo, nos quisimos, nos entregamos al amor del humor.

Existen dos bandos, o dos tipologías psicológicas, que ni antes ni ahora ríen demasiado, y cuando lo hacen es durante muy poco rato y muy de tarde en tarde: los muy virtuosos y los muy malvados. Algo así viene a decir el psicoanalista húngaro **Sándor Ferenczi**, y yo repito aquí porque me parece una observación muy adecuada para cerrar esta parte del capítulo. El virtuoso, tan correcto y tan pegado a la ley él, no reiría porque no tiene sentimientos indignos o, en todo caso, no los reconoce. Es un virtuoso, se ejercita en la virtud, obra según ella. Esta visión de sí mismo y de la vida está muy emparentada con lo religioso: cuesta dios y ayuda divina encontrar un puñetero chiste en la Biblia. Arriesgo que el Corán tampoco es una invitación a la jovialidad. La "gente seria", como pasaba en Grecia, o en la Edad Media, no tiene motivación alguna para reír, no concibe saltarse las reglas que comparte con los de su clase. Tampoco ríe el malvado, el completamente malvado. Y no lo hace porque no reconoce a la ley, que lo encuadra, precisamente, bajo el epígrafe de *malvado*. No capta la prohibición. Por tanto, no se ríe de ella, no ejercita la emoción del humor porque es incapaz de sentir emoción.

W   W   W

En el capítulo anterior me apresuré en aclarar que el humor es imposible de definir en una sola frase. En este lo sigo pensando. Eso no quiere decir que no haya, por lo menos, tres teorías que a lo largo de la historia se consolidaron como explicaciones razonables acerca de qué es el humor y cómo se produce. Una primera teoría evolucionó a otra y ésta a una tercera que, por ahora, está medianamente aceptada como última. A su vez, a mi entender, cada una de las sucesivas teorías acerca del humor, contiene más que trazas —grandes trozos, más bien— de la teoría anterior. Esto quizá sea una perogrullada, puesto que nada surge de la nada ni deja de evolucionar hacia algo que excluya completamente lo previo.

Ese trío de teorías está conformado por la *teoría de la superioridad*, la *teoría de la descarga* —también conocida como *la del alivio*— y la *teoría de la incongruencia*.

La más longeva es la representada por Platón, Aristóteles y, posteriormente, por **Hobbes**. Esta gente sostiene que nos reímos cuando ejercemos cierto sentimiento de superioridad sobre otro u otros. Para reírse de los demás nos subimos a un pedestal. Desde allí arriba, el objeto de nuestro humor se ve más pequeñito, separado de nosotros, lejano. Esa distancia nos permite humillarlo y esa humillación, esa degradación del otro, nos hace gracia. El fuerte —el que se siente fuerte— victimiza al que percibe

31

como más débil que él. Lo coloca en un escalón más bajo para poder visualizarlo como menor, menos fuerte, hábil o inteligente. Con más defectos.

Hay infinidad de chistes basados en determinadas minusvalías físicas, en conductas de abuso de poder, en la preponderancia de una determinada *cualidad*, como la fuerza física, que buscan la gracia en el sometimiento del que padece la broma, el chiste. Fácilmente podemos hacernos una idea de esta línea de humor si pensamos en gracietas sustentadas en temas como la violación, malformaciones o superioridad moral.

No es prerrogativa del poderoso hacer chistes sobre el sometido. Frecuentemente el sometido por el poderoso lo rebaja a este, invierte la perspectiva de clase, y se ríe de lo gracioso que resulta que David le haga pedorretas a Goliat. El débil se vuelve fuerte cuando asume las humillaciones a las que es sometido. Eso desarma las opiniones del otro. Al reírme de mí me imbuyo de una autoridad que me permite reírme del otro sin culpa. O eso, al menos, es lo que me gusta pensar. Simplificando: si hago humor con el tamaño de mi tripa, luego me puedo meter con tu obesidad. Si tengo graves problemas de visión, mis chistes sobre la ceguera deberán ser mejor recibidos por alguien que ha perdido la facultad de ver. Si admito que mi mujer me dejó porque soy un tipo insoportable, puedo decir: ¿por qué has vuelto?, te quería tanto cuando te echaba de menos… *Hacerme* la víctima me otorga el poder de convertirte en víctima de mis gracietas.

No es necesario que la prevalencia del ejecutor sobre la víctima sea exageradamente sangrante o apabullante. La cuestión, básicamente, es que esta teoría defiende que para que se produzca el efecto gracioso alguien tiene que perder.

No estoy insinuando que a la víctima deba aplicársele un grado de violencia desmesurado para que el humor funcione eficazmente, pero sí un determinado grado, una porción adecuada para generar la ruptura en lo esperable. Sé que este puede ser un párrafo arriesgado, pero me resulta evidente que un poco de aspereza, de fricción, es indispensable para generar humor. Me apoyo en unas observaciones, a mi entender muy atinadas, que encontré en el libro *¿De qué te ríes?*, de **Daniel Gamper.** El autor hace referencia a la falta de violencia de las series actuales para niños, de esta actualidad políticamente correcta, digamos: "las ficciones para niños se vuelven más pedagógicas, menos lúdicas". De acuerdo. También menos divertidas. Más adelante, Gamper afirma que "los personajes ya no son aplastados, bombardeados, gaseados y defenestrados como en *La pantera rosa, El correcaminos* o *Tom y Jerry*". Y eso aún a sabiendas de que ninguno de los niños que hemos sido, creímos —ni por una vez— que el pato Lucas no se recuperaría jamás después de la última carga de dinamita que le acababa de explotar en la cara. Sabíamos que, acto seguido, estaría nuevamente dispuesto, e igual de bello que siempre, para ser la víctima de nuevos y terribles ataques que jamás conseguirían que perdiera la vida. También lo saben los niños y niñas de hoy, pero ven historias que excluyen totalmente, o suavizan en extremo, la violencia.

Actualmente los mensajes son más edificantes, parece no bastar con hacer gracia, además hay que resultar didáctico, en algún sentido. Hay que mostrar el buen camino a seguir. Puntúa más ser tierno, y hasta ñoño. Antes, para disfrute del perro Patán y el nuestro, nos reíamos sin culpa ante el advenimiento de la próxima desgracia que Pierre Nodoyuna encontraría en la carretera: sabíamos que su condición de dibujo animado lo exoneraría de acabar con su existencia. Esperábamos el siguiente contratiempo *mortal* a que sería sometido. Ahora, el bueno de Pierre no puede más que asentir al leer esto que acabo de escribir mientras observa a su nieto sonriendo levemente ante los problemas *ligth* que emite la pantalla.

Se puede hacer —y se hace— humor con menos aspereza, claro que sí. Pero me parece innegable que "al no poder utilizar la violencia [las historias] han perdido un recurso clave para provocar hilaridad". Los niños de antes no se volvían malvados por ver dibujos animados más violentos que los de ahora. Los dibujos buenistas de ahora no generan niños buenos.

La teoría de la superioridad mantiene su preponderancia en el panorama humorístico hasta el siglo XVIII, y como antes se dijo, grandes columnas de aquel viejo humor siguen sosteniendo, en ocasiones, las estructuras de los humores subsiguientes.

En el siglo XIX, en la obra de **Herbert Spencer** y posteriormente reafirmada y extendida popularmente por **Freud** y su famoso *El chiste y su relación con lo inconsciente* (al que volveremos), irrumpe la teoría de la descarga. Básicamente, esta teoría señala que la energía liberada —decargada— en la risa, nos da placer porque, según el bueno de Sigmund, ahorra energía usada habitualmente para contener o reprimir la actividad psíquica.

La risa nos alivia, limpia las tuberías de nuestra vida inconsciente para que no se nos atasque con la acumulación de neuras. Es un proceso terapéutico, porque, aunque quizá no nos cure, sí que nos conforta. Para adherirse a esta tesis, claro, hay que creer que tenemos una vida inconsciente que nuestra consciencia no domina. Es más, desconoce. Sentimos inquietudes, incomodidades psíquicas de las que ignoramos su procedencia. Algunos de esos síntomas de nuestra vida psíquica oculta para la consciencia, emergen en forma de olvidos, chistes, sueños, equívocos, etcétera.

El humor, según esta teoría, es un modo de que nuestras interioridades se revelen, enseñen la patita y, de algún modo, se venguen del sometimiento del superyó, es decir, de la ley, de las imposiciones de la autoridad. Volveremos sobre las relaciones que se establecen entre los tres integrantes de este famoso trío fundado por Freud: yo, superyó y ello. Tienen mucho que decir acerca de la formación, recepción y ejecución de nuestro sentido del humor.

Ya en el capítulo anterior hemos tenido un encuentro con la teoría de la incongruencia cuando pisamos la piel de plátano, y lo que iba a ser un paseíto discreto nos convirtió en el hazmerreír de quienes nos vieron aterrizar en mitad de la acera. **James Russell Lowell** escribió en 1870, bastante antes que Chaplin pisara por primera vez la piel de plátano: "El humor es, en un primer análisis, una percepción de lo incongruente".

Volvemos a decir lo que ya hemos dicho, pero con otras palabras: el humor se genera a causa de una incongruencia entre lo que sabemos o esperamos que ocurra y lo que verdaderamente ocurre cuando la historia se tuerce y se genera el chiste, la ocurrencia, la broma, el disparate.

Personalmente, creo que el humor es, sobre todo, incoherencia. Y esa incoherencia incorpora las teorías anteriores. Es incoherente con la realidad del que, desde la atalaya a la que se sube, apunta su humor al corazón de la víctima debilitada por nuestra mirada (teoría de la superioridad), y es igualmente incoherente la materia de la que están hechas las gracias que permiten sanear los vericuetos de nuestra psiquis (teoría de la descarga).

Como sostiene Terry —creo que ya me he ganado su confianza—, la teoría de la incongruencia es "la explicación más plausible de por qué nos reímos".

Incoherencia. Discrepancia. Discordancia. Cualquiera de estas palabras puede utilizarse para explicar el surgimiento del humor. También "descarrilamiento del sentido" o "deslizamiento imprevisto del significado". Estoy, nuevamente, abundando en conceptos planteados con anterioridad. No lo hago porque crea que el lector aún no los haya captado, sino para que quede claro que esta teoría es la que mejor me cae.

Ralph Waldo Emerson, en su ensayo *Lo cómico*, me brinda la oportunidad de seguir abundando en explicaciones similares en torno a este tema. Aún no había hablado de *choque* y ese es el término que emplea Emerson para definir el humor. Choque entre lo *ideal* y lo *real* —lo ideal es seguir andando, lo real es que acabo de pisar, imprevistamente, una piel de plátano que me ha deparado una consecuencia inesperada—; o entre la *concepción* y la *ejecución* —concibo el plan de ir andando hasta la panadería, el azar ejecuta una de las suyas y yo me caigo al pisar algo que no esperaba que estuviera allí—; caída que ocurre cuando lo *sublime* choca con lo *vulgar* —el paseo se cruza con la burda e incívica piel de plátano depositada en el sitio incorrecto—. (Intentaré no volver a sacar a colación a mi didáctica piel de plátano. Pero no prometo nada).

Para que el chiste sea posible es necesario que nazca, crezca y se desarrolle cobijado por un contrato social. Debe ser contenido por un campo de juego habitado por jugadores que entiendan y sigan las reglas. No lo digo yo, lo dice Henri Bergson: "La risa debe responder a ciertos requisitos de la vida en común. Debe tener una significación social".

El humor es una actividad social. El chiste, una gragea de humor, necesita que haya un acuerdo tácito entre las partes para ser comprendido y se pueda dar el hecho humorístico. Para que el chiste se entienda y provoque una respuesta. No te reirás si no lo entiendes, si el proceso que lo hace posible no está dentro de un código común.

Lo dice **Simon Critchley**:

> Los chistes suponen un conocimiento compartido de dos dimensiones temporales: la *duración* y el *instante*.

Duración, porque cuando nos cuentan un chiste nos sometemos a una experiencia que involucra repetición y digresión, y estas dos características se dan en el tiempo: la repetición y la digresión *duran* en el tiempo. Como los matrimonios que finalmente se rompen, el chiste, antes de romperse, se estira. Finalmente, antes o después, llega la culminación del chiste, se produce la ruptura, el desenlace de la historia, que es una repentina aceleración del tiempo. Entonces sonreímos, nos reímos, o pensamos "Qué chiste más malo". En cualquier caso, llega el placer humorístico. O el fiasco. El alivio, de todos modos, porque la tensión explotó y el chiste llegó a su fin.

El colofón y razón de ser de un chiste es una explosión en la que se produce una *desfamiliarización*. Lo familiar se vuelve extraño, sorprendente: La abuela revela que se ha quedado embarazada, para entendernos. Lo real se vuelve irreal; lo ordinario, extraordinario. Una vez más, arribamos al momento en el que dos elementos se oponen —la sorpresa irrumpe en lo esperable— y se nos revela un cambio de situación generado por el humor.

El término *desfamiliarización* es otro de los importantes, de los que ayudan, a mi entender, a comprender el humor. Los chistes son ensayos antropológicos en miniatura. El humor, como acabo de decir, desfamiliariza lo familiar, que es una expresión entre perogrullesca y pretenciosa, pero me resulta muy gráfica. "Desmitologiza lo exótico —dice en otro momento Critchley— e invierte el mundo del sentido común". Le da otro sentido, uno inesperado.

El humor es social. El humor es universal. A su vez, el humor es local. Tiene un contexto específico, propio. Aunque el mecanismo del humor sea el mismo, hay chistes que se entienden en una cultura, en una ciudad, en una tribu, y resultan incomprensibles en otras. Por lo pronto, el humor es muy complejo de traducir. En algunos casos, imposible. Hay un tipo de humor, digamos gestual, mímico, donde las palabras no intervienen, no tienen nada que decir, que puede cruzar alguna que otra frontera, pero un universo gestual también es universal y local a la vez, por lo que la traducción efectiva tampoco está garantizada.

Puede decirse que el humor (universal) une y el chiste (particular) separa o delimita.

Para que el humor sea, debe ser compartido. Tenemos un sentido del humor grupal, por así decirlo. Común a otros individuos con quienes, a grandes rasgos, nos reímos de lo mismo. Compartimos un código. Como cuando en la carretera te cruzas con un coche de la misma marca, modelo y color que el tuyo. O cuando te encuentras con otra persona en mitad del paisaje frío, vasto e inhóspito de la Antártida, por ejemplo. Enseguida comprendéis —tú y el otro— que estáis compartiendo una determinada experiencia. Os reconocéis.

El humor entre dos connacionales brota sin esfuerzo cuando se encuentran en tierra extraña. Por lo menos, si no un diálogo que mueva a la risa, sí que, muy probablemente, se establezca entre ellos una especie de corriente risueña alimentada por uno o varios chistes. Difícilmente podamos dejar de ejemplificar la distinción cultural que nos une por ser compatriotas de humor.

—¿Qué haces aquí en la Antártida?
—Buscando un alquiler barato poco a poco me fui alejando del centro.

Los chistes iluminan rápidamente, desdeñando largas parrafadas teoréticas, nuestro hábitat social y espiritual común. Hacen que nos reconozcamos en el otro. "Si alguien resbala con una piel de plátano —esta vez no lo he dicho yo, sino Simon Critchley— no corremos a ayudarle, sino que nos reímos; si un caballo hablara —como Mister Ed (quizá sea una referencia algo viejuna)—, no mostraríamos nuestra incredulidad, sino que nos agradaría". Compartimos un código, sabemos cuándo suspender nuestra credulidad para dar paso a la risa.

Suspendemos la creencia. En *El Quijote* nos tragamos, sin esgrimir reticencia alguna, que campesinos se conviertan en nobles caballeros. Otorgamos al Correcaminos de los dibujos animados de la Warner la imposible capacidad de sobrevivir a miles de caídas desde lo alto de precipicios. En cualquier sitcom admitimos que un grupo de treintañeros se comporten casi como prepúberes. El humor necesita que así sea, y se lo ponemos fácil.

Según Freud, hay una tiranía del principio de realidad. Bien: los chistes se rebelan contra el principio de realidad, oponiendo, risueños, el principio de placer. Los chistes producen en nosotros una satisfacción primaria, infantil. Nos retrotraen a épocas pasadas en las que apenas había prohibiciones, reglas, horarios que cumplir. Volvemos a despreciar la lógica, nos desembarazamos de la coherencia, dinamitamos la sucesión temporal y nos reímos en la cara de papá como en los tiempos en los que papá celebraba que nos riéramos en su cara, sin importarle si nos reíamos *de* o *con* él. No como ahora.

Para un adulto, el humor es jugar a ser niño, pero con la mala leche adquirida a partir de haber sido destetado (¿seré recordado por esta frase?).

En 1905, Sigmund Freud escribió *El chiste y su relación con el inconsciente*. En 1927 escribió un ensayo sobre el humor titulado *El humor* (dicen que lo hizo en solo cinco días de la segunda semana de agosto. Puede ser, no es muy largo). Solo diré que en *El chiste y su relación con el inconsciente*, Freud dice que los chistes son la contribución de lo inconsciente a lo cómico, y en *El humor* que el humor consiste en burlarnos de nosotros mismos... Hablaré de estas dos importantes contribuciones de Sigmund más adelante. Este párrafo no es más que un gancho para despertar interés en vosotros. ¿Lo he conseguido? ¿Hay alguien ahí?

Sugiero volver a leer la cita con que comienza este capítulo, para que yo pueda entonces hilar con él repitiendo la idea de que el ingenio es producto del arte y la imaginación. Mientras que el humor sería un concepto que nos encontramos, que está antes que nosotros, por así decirlo, el ingenio es una actividad intencionada, individual, que hace florecer una forma del humor.

Dice Hazlitt, el de la cita: "El ingenio es un acto voluntario de la mente, un ejercicio de invención que muestra conscientemente lo absurdo y lo risible, ya sea en nosotros o en otros".

El ingenio es una reflexión entre sesuda y graciosa. No necesariamente desopilante. Con frecuencia, al oír una frase ingeniosa, se produce en nuestra cabeza un retardo hasta que acabamos de armarla cabalmente, hasta que conseguimos comprenderla. A veces, ese segmento de espera es muy corto, décimas de segundo, otras, se estira. Incluso, podemos tardar minutos en *pillar* la frase. También, por varios factores que nos dificultan su decodificación, podemos desestimar el esfuerzo de seguir intentando comprender. O puede ocurrir que lo pillemos a la primera, pero que no cause en nosotros efecto risueño alguno.

Se asocia el ingenio con el mal llamado *humor inteligente*. Las siguientes reflexiones de Woody Allen, **Groucho Marx**, **Oscar Wilde**, **Miguel Gila**, **Dorothy Parker** y **S. J. Perelman** ciertamente son fruto de una inteligencia incisiva que busca condensar en una frase muy corta conceptos muy amplios y sorprendentes. Lo primero que podemos pensar de ellas es que, efectivamente, son muy ingeniosas.

No pertenecería a un club que me admitiera como socio.
Groucho Marx

La mejor manera de librarse de una tentación es caer en ella.
Oscar Wilde

Me gusta tomarme un Martini. Dos como mucho. Después del tercero estoy debajo de la mesa. Después del cuarto estoy debajo del anfitrión.
Dorothy Parker

No solo no existe Dios, sino que a ver cómo encuentras un electricista en domingo.
Woody Allen

El amor no es la muerte de un gemido lejano de violín, sino el acento triunfal de un somier.
S. J. Perelman

Cuando yo nací mi madre no estaba en casa.
Miguel Gila

Maravillosas todas estas frases. Y muchísimas otras de otros grandes humoristas. Todas ellas, aun en el poco lugar que ocupan en un renglón, generan una expectativa, presentan una ruptura con el discurso inicial y cierran con una sorpresa, con la brillante guinda que adorna la incoherencia que vertebra la frase. Pero, además de cumplir con estos preceptos técnicos, son precisas, certeras, remiten a un intelecto brillante y, como poco, nos hacen sonreír. También consiguen que nos vanagloriemos secretamente por haberlas comprendido. Por sentirnos representados por un parecer que, aunque expresado por otro, nos regala la sensación de que, con nuestras palabras, podríamos haber expresado la misma idea.

Un chiste nos hace gracia, quizá más que una ingeniosidad, pero nos mantiene fuera. El chiste proviene del exterior. El ingenio, en cambio, genera en nosotros la fantasía —que aceptamos gustosamente— de compartir un pensamiento con otra persona concreta: un creador al que guardamos admiración.

El chiste es anónimo. Parece haber surgido por generación espontánea. Podemos admitir que es una especie de invento social, la creación de un grupo del que desconocemos a sus integrantes. El ingenio tiene dueño. Y el dueño tiene una personalidad, una brillantez intelectual que no podemos dejar de reconocer —o sí, en caso de que nos corroa la envidia—. "Eso lo podía haber dicho yo", podemos pensar y, al mismo tiempo, también: "Qué bueno/a este/a tío/a" (la corrección política ha reactivado notablemente el uso de las barras).

El chiste es impersonal. El ingenio nos acerca al intelecto individual. Nos aproxima al autor. Las frases ingeniosas parecen inseparables de quien las dijo o las escribió, llevan su rúbrica personal.

Asocio el ingenio más al sentido del humor que al humor. A una visión personal, un modo de enfocar la vida, más que a un ejercicio técnico, más alejado de la acción de la materia gris como podría ser contar o apreciar que nos cuenten anécdotas graciosas o chistes. Menos a las ocurrencias, a los hallazgos repentinos que a una actitud estable. Entiendo el ingenio como una actitud menos eventual, que acecha siempre, más que la intervención de un chispazo de genialidad cada tanto.

Cicerón dice que en lo ingenioso, en lo irónico —en contraposición a comentarios satíricos más hirientes—, el humor es más difuso, menos directo, al formar parte de una visión del mundo en general. (Algo que yo, un par de milenos más tarde, acabo de decir).

Quiero cerrar este capítulo ayudándome nuevamente de Eagleton para señalar la cercanía que existe entre el ingenio y la poesía:

> El ingenio es una obra verbal que tiene una clara conciencia de sí y que minimiza sus medios, condensando las palabras en el mínimo espacio posible, pues sabe que el más leve exceso de significación puede resultar fatal y desbaratar su funcionamiento. Como sucede con la poesía, cada unidad verbal tiene una función que cumplir, y la cadencia, el ritmo y la resonancia de una frase ingeniosa pueden ser vitales para que tenga impacto o no.

Ahora, ese mismo pensamiento en palabras del humorista argentino **Golo**: "Lo bue, si bre, dos veces bue". Puedo ver a Baltasar Gracián asintiendo sonriente desde la eternidad.

—¿Es muy caro tu psicoanalista?

—Sí, es lógico: hace su trabajo y me cobra por ello, pero también por yo y por superyó.

Reírse, ejercer o recibir humor genera culpa. Culpa proveniente del miedo. Miedo provocado por atrevernos a faltarle al respeto a la autoridad, al superyó, a la ley, al padre. La autoridad moral nos educa, nos somete y nos marca los límites de los que no debemos salirnos. Si lo hacemos, habrá consecuencias. No digo que eso esté mal, ni que fuera más razonable que ocurriera algo diferente, digo que eso es lo que nos ocurre. Ese es el cometido del superyó, rival del ello que representa a las fuerzas del instinto, a lo salvaje. El ello quiere ir por la vida desnudo, riéndose de todo, quiere llamar a timbres y salir disparado. El superyó son las cámaras que nos vigilan, la poli que nos persigue, tu padre frunciendo el ceño. Si llamas al 112 te atiende el superyó. Una vez más: no está mal que este superhéroe de la moral y las buenas costumbres exista, pero es un señor molesto, un aguafiestas.

De esa pelea entre la autoridad inflexible y el instinto disfrutón nace el yo, lo que finalmente somos, digamos. Lo que queda tras la cocción de esos dos ingredientes antagónicos. Es una larga gestación. Con frecuencia, te mueres y pillas al yo aún en pleno proceso de formación, ocurra el desenlace cuando ocurra. Este trío de fuerzas que Freud nos presentó comienza su decisiva *performance* ni bien nacemos. Desde antes de nacer, en realidad. La sociedad nos recibe con recetarios, con normas, con papel pautado. Nuestros padres ya tienen un nombre preparado para nosotros, prácticamente nos entregan el DNI antes de que acabemos de berrear nuestro primer llanto. Salimos como salimos, y evolucionamos como evolucionamos, cada cual con nuestros traumas, nuestras virtudes, nuestros talentos y nuestros granitos en lugares recónditos que no veas cómo incordian los muy puñeteros.

Los traumas son efecto de la represión que emerge de modos variados: en forma de herpes; de dolor de tripa; de deseos irrefrenables de cargarte al vecino; o del molesto zumbido que me aparece en el oído derecho todos los domingos a eso de las seis de la tarde. Son el pago por vivir en sociedad, el trueque que conlleva la adaptación. Ojo: adaptarse no significa rendirse, sino, más bien, encontrar armas con las que luchar sin morir —incluso divirtiéndonos— en el intento.

La autoridad tiene un margen de tolerancia más o menos amplio, según el resultado que haya dado nuestra ecuación individual. Eso de que no hay dos personas iguales lo sabemos todos. Incluso aunque no hayas hecho la mili y te hayas duchado junto a varias decenas de compañeros a la vez, conoces perfectamente que la variedad humana es ilimitada. Podemos pasarnos de la raya de vez en cuando, pero siempre hay una raya. Bien, pues esa raya la pintó el superyó. Siempre que nos pasamos de la raya, lo hacemos para molestar a papá, al que impuso las reglas.

El humor, básicamente, ocurre cuando se salta alguna regla, cuando se sobrepasa algún límite, cuando se pisa alguna piel de plátano —¿otra vez? — y no sabes muy bien dónde y cómo vas a aterrizar. Cuando la normalidad que nos ha sido impuesta se despierta de repente y no sabe muy bien dónde está.

El humor es juego. El juego es ruptura, imaginación. Si no juegas no te ríes. Quizá sea una teoría muy arriesgada, pero si no aprendes a jugar, no aprendes a reírte, a saber de qué reírte. No tendrás sentido del humor si no tienes sentido del juego.

Todo este camino, estas curvas que van apareciendo durante el recorrido por la vida, todas estas transacciones, adquisiciones y pérdidas tienen que ver, como ya se dijo, directamente con la inteligencia. Es decir, con la capacidad de adaptarnos a situaciones nuevas. A diferentes capacidades que vamos adquiriendo. Entonces: el humor se adquiere y se utiliza. ¿Para qué? Para darle sabor a los alimentos de la existencia.

En el capítulo anterior adelantaba que Freud hizo dos grandes aportaciones a la concepción del humor, uno en 1905: *El chiste y su relación con el inconsciente* y otra en 1927, una nueva visita, digamos crítica, a aquel escrito de 1905 que llamó *El humor*. En *El humor*, señala que el fenómeno del humor es la contribución del superyó a lo cómico. Ya sabemos que el mundo inconsciente, ese que emerge a la consciencia a través de olvidos, malentendidos, chistes, está en la base del psicoanálisis. Sabemos, también, que se puede adherir o aborrecer el psicoanálisis y, como creo que ha quedado claro, para mí los procesos inconscientes tienen mucho que ver con la formación, con la elaboración del humor.

Creo que Freud hace una aportación notable a preguntas como ¿de qué nos reímos?, ¿de quién nos reímos?, ¿por qué nos reímos?

En los chistes, dice en *El humor*, el superyó mira al yo desde una gran altura, lo que hace que el yo parezca pequeñito, poca cosa. En el humor, entonces, nos ridiculizamos, y lo admitimos sonriendo o riendo. En cierto modo, sublimamos la vergonzosa sensación de sentirnos víctimas de ser como somos.

El humor consiste, básicamente en burlarnos de nosotros. El gran **Enrique Jardiel Poncela** también lo cree: "El arte de hacer reír se basa en exponerle al público, cara a cara, sus propios defectos". Pero esto no nos resulta deprimente, por el contrario, nos procura un goce, una satisfacción, un consuelo liberador e infantil. Nos devuelve a estadios pasados, cuando éramos felices con multitud de estímulos que nos resultaban placenteros. Aquellos tiempos en los que la cultura apenas había comenzado a moldearnos. Al proyectar humor sobre los otros, repetimos el mecanismo y somos nosotros quienes nos colocamos en una situación de superioridad: miramos al otro desde una altura considerable, lo minimizamos, lo tratamos como a un niño. Nos reímos de él. Nos reímos de su yo infantil, así como los demás se ríen del nuestro. Es el mecanismo. Que nadie se ofenda.

Nos reímos de nosotros y de los demás porque nos reconocemos como semejantes y —aunque a veces a regañadientes— aceptamos ser colocados por los demás allí abajo para que se echen unas risas a nuestra costa. ¿Nos reímos *de* o nos reímos *con*? Siempre, en cualquiera de los casos, seamos víctimas o verdugos de alguna de las formas del humor, nos reímos *de* y nos reímos *con*.

El humor es una válvula de escape, un permiso que nos tomamos, una licencia, unas pellas. Un paseo hasta la frontera. Incluso nos permite rebasar el límite, poner un pie al otro lado. Pero no nos instalamos, no invadimos, no arrasamos con todo, solo hacemos una incursión y de vuelta para casa. Y no es poca cosa. Transitar por la vida con una actitud risueña es ir con un escudo y, a la vez, con una espada. Nos defendemos de la existencia y la atacamos, nos metemos con ella. Tal y como prometí, al arma de la que hablé antes, acabo de sumarle el escudo.

Todos sabemos que el carnaval se acaba en algún momento. Toco y me voy, como recomendaría un entrenador de fútbol. O bailoteo como una mariposa y pico como una avispa, que diría Cassius Clay (Muhammad Ali para la posteridad). Chispazos, ejecutados quizá con una frecuencia envidiable o, tal vez, muy de tanto en tanto, pero, en cualquier caso, se trata de saludables —aunque con frecuencia arriesgadas— salidas del tiesto, deslices más o menos tolerados por la ley que todos, seres sociales, compartimos.

Cuando ejercemos el humor, o disfrutamos cuando otros lo ejercen, le estamos haciendo pedorretas a la foto de papá. A veces, hasta se las hacemos en la propia cara (es la segunda vez en este ensayo que me permito semejante irrespetuosidad). Y antes de tenerlo de cuerpo presente.

Amanece y la fiesta se acaba, deponemos el disfraz y nos ponemos la corbata. Quizá permanezca la resaca como recuerdo del amago de revolución que se fue apagando conforme se atenuaron las risas, se difuminó nuestro ingenio, se nos agotaron las ganas de seguir haciendo sangre con las víctimas del terapéutico ejercicio del humor.

Tres o cuatro décadas atrás, en la tele argentina reinaba un periodista rancio, casposo y de seguimiento multitudinario por parte de adláteres y enemigos: Bernardo Neustadt, se llamaba. Repetía con frecuencia una frase: "Todos llevamos dentro un enano fascista". Obvio lo mal que ha envejecido la palabra *enano* y me quedo con el concepto que encierra la frase. Y traduzco que muchos —iba a escribir todos— a cierta edad llevamos incorporado, después de tantos años de educación, formación y demolición, un sólido, riguroso, rancio y adusto ser que pretende defendernos de peligrosas desviaciones de la ley, la norma y el correcto proceder. El humor es enemigo de este intolerante señor de baja estatura que, según Neustadt, cobijamos en nuestras entrañas.

El humor es resistencia.

Después del atentado cometido por nuestro comando del humor, volvemos al sótano, a la oficina, a la rutina que nos iguala. Puede que quede el recuerdo, quizá un cráter más o menos notable que la explosión dejó en el asfalto, pero regresamos a replantearnos el plan de ataque, a recargar las armas —afilar la espada, bruñir el escudo— porque, con suerte, la guerra solo termina con la muerte y, antes de eso, podremos ejercer miles de veces nuestro sentido del humor —el que sea— y permitir que los demás *nos* lo ejerzan.

El superyó sigue actuando desde dentro y desde fuera de nosotros. El humor nos proporciona el evento, los actores, el decorado, el guion para llevar a cabo nuestra representación. *Representación* es una palabra muy importante. Una palabra que los necios confunden y la censura no tolera. El humor es una representación: pone en escena, representa. Un chiste sexual no es el sexo: es una representación del sexo. El humor negro no es de ese color, es una representación de un tipo de humor muy cercano a la muerte —y ningún humor está demasiado alejado de ella—, no es una tragedia, es la representación de una tragedia. El humor es un tamiz que hace digerible la vida, soportable para el consumo civilizado.

Llegados a este punto habría que hablar de los grados de aceptación del humor, de los diferentes humores. Se impone la frase "Sobre gustos no hay nada escrito". Una mentira como un templo, pues todo lo que se escribe es acerca de gustos, de visiones, ideas, conceptos personales a los que se puede adherir, aborrecer o ante los que permanecer indiferente. Nos reímos de lo que nos reímos y no todos lo hacemos de lo mismo ni con la misma intensidad. A algunos nos hacen gracia las desgracias. A otros no. Algunos ríen de lo que la mayoría entiende que es risible. Otros solo ríen con un exclusivísimo humor que comparten con otros tres o cuatro. Humor inteligente, humor garrulo, humor blanco, humor absurdo, humor sexual, humor surrealista. Y hay, por supuesto, una mezcolanza de géneros: negro y sexual; surrealista y político; garrulo e infantil; etcétera y etcétera.

De todo esto se hablará más adelante, pero, por ahora, y aun creyendo haberme desviado de lo que invitaba a hablar el título de este capítulo, quiero dejar claro que:

Hay humor porque hay rebeldía ante la autoridad.

El humor genera culpa —otra cosa es que nos demos más o menos por enterados—.

El humor defiende y ataca a un tiempo.

Hay diferentes *sensibilidades* —y mira que me prohibí usar esta palabra— humorísticas.

Hay gente *pa' todo* que se ríe de cada cosa que no sé cómo ello es posible.

Riendo por no llorar (y viceversa)

Mirada de cerca, la vida es una tragedia, pero vista de lejos parece una comedia.
Charles Chaplin

Comedia es tragedia más tiempo.
Mark Twain, Woody Allen y, probablemente, alguien más

La comedia no tiene por qué ser graciosa. No es solo sinónimo de humor. Puede incluir el humor, pero también puede incluir la tragedia. Es más bien la mezcla, la posibilidad de entrelazar lo humorístico y lo trágico lo que caracteriza cabalmente a la comedia.

El término *comedia* es esquivo o, mejor, es amplio. Si recurrimos a la primera acepción de la RAE, nos encontraremos con que *comedia* es una 'pieza teatral en cuya acción suelen predominar los aspectos placenteros, festivos o humorísticos. Con desenlace casi siempre feliz'.

Si bajamos un poco hasta dar con la segunda acepción, resultará que *comedia* es una 'obra dramática de cualquier género'.

Esta riqueza de significados nos lleva directamente a la abundancia de sentimientos con los que nos atraviesa constantemente la vida: estamos, desde que nacemos, metidos de lleno en la comedia humana. Esa ensalada donde se lían a besos y a golpes el sentido del humor, el sentido del amor, el sentido de la tragedia y sinsentidos variados que acaban en el sentido pésame.

Una situación de comedia puede ser vivida, leída o vista sin que ni siquiera una media sonrisa se nos dibuje en la boca (¿dónde se dibujan las sonrisas si no es en la boca?). Y no es necesario que eso nos ocurra viendo una serie supuestamente humorística que no nos hace ni un cuarto de cosquilla. También puede que disfrutemos de una comedia suave sin que riamos, manteniendo durante mucho tiempo solo una leve sonrisa que nunca evoluciona a risa. Este tipo de comedia ofrece una sensación de placidez, de tranquilidad de espíritu. Sensación escasa, que a veces se nos cuela sin que apenas seamos conscientes de ellos. Un ejemplo: *El sueño de una noche de verano*, de Shakespeare. Otro: *La comedia sexual de una noche de verano*, película de Woody Allen. Se trata de ese tipo de historia al que le va como anillo al dedo el adjetivo *deliciosa*. Casi todos los momentos de todas las películas de **Jaques Tati** ofrecen una comicidad melodiosa y delicada que, quizá, nunca derive en risa. Chaplin, Buster Keaton, con frecuencia son más risueños, melancólicos y elegantes que desopilantes. Con frecuencia, las viñetas del dibujante francés **Jean-Jaques Sempé** (si no lo conocéis, ya estáis tardando) son más bien postales bellas y algo cursis, que muestras de humor gráfico. Difícilmente se nos dibuje algo más que una casi inapreciable sonrisa al verlas, pero no dejéis de buscarlo.

Hablo en términos generales, siempre habrá quién ante un momento de levísima comedia, se parta de risa. Ocurre con frecuencia en los cines, que un espectador, en una escena, estalla en una repentina carcajada cuando el resto del auditorio apenas si ha sonreído. Tenemos sentidos del humor diferentes, e igualmente diferentes son los modos de expresarlo.

Encuentro que el humor, por el propio formato en que se presenta, tiene más facilidad para entrometerse puntualmente en situaciones dramáticas que la que tiene la tragedia para inmiscuirse en lo humorístico. Es mucho más compleja la operación de inyectar drama en una comedia predominantemente cómica. El chiste, el ingenio, los gags son recursos breves que pueden condensar en muy poco tiempo conceptos que, explicados dramáticamente, requerirían más elementos, más desarrollo y de una entidad más compleja. Teniendo un cuidado y habilidad supremas para acertar con la oportunidad adecuada, un *toque* de humor, un momento de alivio cómico, encuentra mejor acomodo en medio de una situación dramática o melodramática que un toque trágico en un armazón humorístico.

La comedia nos incluye a todos, no deja a nadie afuera. Es un fenómeno humano. Todos somos actores de la comedia humana. Hay tragedias puntuales, particulares, íntimas, que afectan a parte del reparto, pero también esas forman parte de la comedia que a todos nos hacen felices e infelices. La comedia —como bien dice el *multicitado* en este libro Terry Eagleton en su obra *Humor*— es un fenómeno sociológico. No podemos renunciar a actuar, aunque seamos unos actores patéticos que jamás podremos aspirar a un Oscar nuestro papel solo puede ser interpretado por nosotros. Por muy mal que lo hayamos hecho en el *casting*, nadie puede dejarnos fuera del reparto. Vale, sí, la muerte, pero no me apetece hablar aún de ella. Todo se andará.

Hay algo de trágico en lo gracioso y algo de gracioso en lo trágico. Las cantidades y proporciones varían, pero, dependiendo del punto de vista, del tiempo y de la oportunidad, siempre encontraremos trazas de uno de los elementos mezcladas en el otro.

En un terrible y dolorosísimo accidente casero, maldita la gracia, pierdo un dedo. Camino del hospital coincido en la misma ambulancia con alguien que, como yo, acaba de perder un dedo en un terrible y dolorosísimo accidente casero (hipótesis al borde de lo creíble que —arriesgo— a un elevado porcentaje de lectores le ha hecho esbozar una sonrisa).

A raíz de esta casualidad tan extrema en la que repentinamente confluimos este señor que me acabo de encontrar y yo —ambos ya sin meñique en nuestras respectivas manos derechas— la situación que comenzó siendo solamente trágica, ha derivado en graciosa.

Podríamos retomar el destino trágico del principio si, por ejemplo, la ambulancia que nos transporta se sale de la carretera y choca contra una farola, acabando así con la vida de los dos recientes huérfanos de meñique —uno de ellos yo— más el conductor, más la acompañante del conductor sentada a su vera, más los dos médicos que nos acompañaban a nosotros —íbamos apretadillos, sí— en el instante de la colisión. Si, además, se desvela que el chófer superaba con creces la tasa de alcoholemia permitida, la tragedia se agiganta. Si antes de chocar contra la farola, la ambulancia atropelló mortalmente a una viejecilla invidente, la tragedia se acerca a lo insoportable.

Puede pasar ahora que, incluso después de esta sucesión de tan trágicas desgracias que nos han hecho olvidar el primer giro humorístico de los meñiques, un pato que estuvo también a punto de ser arrollado lograra salvarse por los pelos —o por las plumas— dando un elegante saltito y ahora contemplara el paisaje de devastación y muerte desde lo alto de la sirena de la ambulancia, ofreciéndonos así un levísimo —y bastante negro— toque de alivio humorístico.

Esto —u otras variantes posibles con las que el lector puede jugar— ha ocurrido en solo unos pocos segundos. Que todo puede cambiar en un segundo es una máxima de la vida. Y de la comedia.

(Ambos conservamos el meñique que creíamos habernos amputado para siempre. Nos lo han reimplantado. En su sitio. Vale que a él le repusieron mi meñique y a mí el suyo, pero convengamos que podría haber sido mucho peor).

La comedia nos recuerda que no hay felicidad completa ni ruina total. Es decir: la comedia corrige las deficiencias de la existencia y estropea la feliz rutina de la realidad. Esto, con los ingredientes, mezclas, y *tempos* que el azar, o el ingenio humano dispone, constituye el pan nuestro de cada día.

Por si no ha quedado claro aún, última consigna por ahora: hay risa en lo trágico y hay drama en lo risueño.

$$\text{\Large ⚜ \quad ⚜ \quad ⚜}$$

La risa y la carcajada son demoníacas. La sonrisa es correcta, adecuada y, frecuentemente, angelical. Me diréis que hay sonrisas demoníacas y carcajadas angelicales. Y yo os responderé: sí. Pero, predominantemente, la carcajada podemos asociarla fácilmente al diablo y la sonrisa a un ángel —mucho más a un angelote, a un bebé-ángel, a un angelito regordete de esos a los que harías carantoñas mientras le retuerces amorosamente los cachetes—.

La sonrisa silenciosa invita a asociarte amistosamente. La carcajada ruidosa e indiscreta invita a unirte al enemigo.

La sonrisa es fácilmente imitable, requiere menos esfuerzo, participan en ella menos músculos y es una acción más o menos generalizada: sonreímos todos de la misma manera (sí, ya sé que es una declaración demasiado arriesgada, pero ya me entendéis). La sonrisa se aprende.

La carcajada es individual, personal e intransferible. Es como una huella dactilar. No hay dos carcajadas iguales. Hay pocas partes del cuerpo que no participen en la carcajada. (Como cuando se besan dos adolescentes, que no lo hacen usando solo la boca). Es una reacción integradora. La carcajada es una especie de canto liberador, un grito emitido de una manera inevitable, fatalista: no nos queda más remedio. Es menos social que la sonrisa. ¿Menos social?, ¿qué digo?: la carcajada es, casi casi, instinto.

La sonrisa es más un plan de la cultura que una reacción del instinto.

La carcajada involucra a buena parte del cuerpo. Es imposible carcajearse sin afectar a gran cantidad de miembros y órganos. No puedes desternillarte de risa sin sentir que dentro de ti hay partes que cambian de lugar, sin que, en muchos casos, la carcajada acabe *doliéndote*.

En cualquier caso, el humor genera risas, sonrisas, risotadas y carcajadas. Es terapéutico. Descarga. Coloca en otros nuestras frustraciones. Proyecta lo más patético de nosotros mismos. También nos hace ver nuestros defectos reflejados en los demás, a una cierta distancia, pero no a tanta que te impida percibirte en el otro.

Nos reímos del poderoso, del superior, del exitoso, guapo y rico sin hacerle frente cara a cara. Él nos somete y nosotros lo parodiamos. Mudamos la envidia cochina que nos producen los triunfadores en afiladas o romas verbalizaciones que a ellos los degradan y a nosotros nos consagran —aun desde el rencor— como mejores personas.

—Usted, usted que frecuenta el éxito como una costumbre más. Usted que triunfa con la misma naturalidad en los negocios y en los deportes más exclusivos. Usted que está habituado a que los hombres lo respeten y las mujeres lo admiren. Usted, ¿nos puede decir cómo hace?

Les Luthiers

Nos reímos del pobre, de las dificultades de quien no tiene una economía saneada, sublimando el miedo que nos da vernos así en un futuro.

El mundo es un sitio cambiante, inestable, inseguro. El humor nos permite digerirlo, verlo desde una atalaya de superioridad adonde la desgracia no llega más que en forma de ficción risueña. De un modo simbólico, metafórico.

El humor matiza.

—Soy tan pobre que no me puedo permitir ni matizar (dice el mendigo).

—¡A partir de ahora, se acabaron los matices! (ordena el dictador recién llegado).

—¿Me permite un Matisse? (pregunta el intelectual).

El humor evita que nuestro ego sufra un exceso de malestar psicológico. Me río de las desgracias mías y de las tuyas: no estoy tan derrotado como para no hacerlo. A través del ejercicio del humor podemos admitir que, en realidad, en el fondo, casi nada importa demasiado. Para ello, es premisa fundamental ser conscientes de cuáles son las cosas que nos importan demasiado, las que tememos perder o no llegar a tener nunca: básicamente, para disfrutar y compartir el disfrute, se trata de no ser un psicópata. Por ello, como ya se ha dicho —y por mí—, el humor no puede ser un sentimiento permanente, ininterrumpido. No al menos si pretendemos no perder la cordura. Así podremos adoptar, con la frecuencia que nos resulte adecuada, un punto irónico desde el que enfocar la comedia humana, que tanta tragedia contiene.

El humor hace que nuestros traumas y los ajenos no nos parezcan tan apremiantes. Aunque lo sean. Si no nos es posible alcanzar un escalón de felicidad *grado Disney*, la actitud risueña, el hatillo que contiene nuestro modesto sentido del humor, nos permite al menos hacer que la vida no nos resulte incapacitante —vaya palabro— para obtener cierta relajante porción de placer. Incluso autoparodiándonos como víctimas, como perdedores, aun cuando nos creamos muy lejos de serlo.

No es un logro baladí.

W   W   W

Como todo sentimiento de los grandes —el amor, la envidia, el odio...—, también el humor es subjetivo. El amor nos abarca a todos, pero cada uno de nosotros tiene una relación particular con él. Una relación cambiante, además, lo que torna una labor imposible no ya *una* definición del amor, sino, siquiera, la posibilidad de encuadrarlo con la ayuda de centenares de definiciones. No hay *un* amor ni *un* humor.

Subjetividad es, entonces, otra palabra que unir al listado de vocablos asociados indefectiblemente al humor, a la comedia.

En la viñeta puede verse a una madre y a una hija. La mamá tiene unos cuarenta años y la niña unos nueve. Están frente a frente. La niña pregunta: "¿Cuándo tendré unos pechos tan grandes como los tuyos?" La madre responde: "Dentro de algunos años, hija". "Qué lástima —concluye la niña—: los necesitaba para este sábado".

Me gustaría que os detuvieras un momento y emitierais una opinión acerca de este chiste. ¿Os ha gustado, un poco, nada, lo aborrecéis? Ahora, calificadlo, no con un número, sino con una palabra que lo defina, solo con una. ¿Os ha parecido un chiste a) tierno, b) repugnante, c) machista, d) otras opciones?

Vuestra opinión y la mía acerca del chiste está influida por centenares de factores. Puedo arriesgar que habéis comprendido la supuesta gracia que conlleva el chiste, que lo habéis pillado. Pero también podría asegurar —aunque no la proporción— que, a la hora de definir lo que os ha parecido os ha agrupado en torno a palabras diferentes. A algunos y/o algunas os puede parecer un chiste ligera o decididamente machista. El chiste puede haceros pensar que lleva toda la carga del efecto humorístico en la cosificación de la mujer. Otros, con mayor o menor grado de ofuscación, argumentarán que no le hace puñetera gracia el humor basado en una parte del cuerpo de la mujer; que claramente el chiste está ideado por un hombre; que se trata de una gracia en la que se manifiesta la idea predominante de superioridad del hombre sobre la mujer que viene sosteniendo durante siglos el heteropatriarcado; etc. Muchos, incluso, pueden no acabar de hacerse una idea cabal acerca de qué es lo que les ha hecho gracia. O tener claro el por qué no les ha resultado gracioso en absoluto. Otra vez: subjetividad.

Ahora, en la viñeta aparece un padre de unos cuarenta años, frente a un niño de unos nueve. El niño pregunta: "¿Cuándo voy a tener un pene tan grande como el tuyo?". El padre responde: "Dentro de algunos años, hijo?" "Qué lástima —sentencia el niño—, lo necesitaba para este sábado".

Repitamos el proceso al que hemos sometido al chiste anterior.

Lleguemos a la confirmación de la teoría del principio: el humor es general y subjetivo a un tiempo.

Tiene, también, mucho que ver con la elección del material que se nos expone y con la oportunidad y la presentación del mismo. Este chiste —cualquiera de las versiones— es recibido por nosotros de un modo particular si se trata de un chiste gráfico, de uno oral, o de un sketch visual. Y, por supuesto, influyen en nuestra reacción las propias interioridades de la ejecución de cada género: el tipo de dibujo; el tono y el estilo de quien ejecuta el chiste; la realización, los actores, etc., que interpretan la representación audiovisual; el momento y situación personal en la que recibimos el estímulo de esta idea humorística...

Interpretamos lo que nos llega, el modo en que nos llega, pertrechados con nuestro particularísimo bagaje sociocultural. Los mismos maquillajes, armas y estilos con que nos enfrentamos al resto de los sentimientos que encontramos en la vida.

Por eso el humor, la comedia, son expresiones humanas tan complejas de definir. Dime en una frase qué es el amor. No, por favor, es broma, no lo hagas. Lo he intentado. Lo han intentado amigos cercanos. Lo han intentado grandes —y también pequeños— escritores, científicos, cantantes, etc. Únicamente encuentro frases más o menos acertadas, más o menos profundas, más o menos cursis, pero no puedo quedarme con una sola y sí puedo desechar centenares.

Si me pides que defina el amor, el humor, la estupidez, en dos palabras puedo hacerlo: "No sé".

Lo sigo intentando, utilizando más de dos palabras. Y más de cincuenta páginas. Y, aun así, alcanzaré, a lo sumo, a dar una opinión subjetiva construida con las opiniones subjetivas, doctas, científicas y vulgares de otros. Será, en cualquier caso, mi visión, que diría un pedante. Pero no puedo estar más de acuerdo con el pedante.

Para habernos matado

Nací un 12 de diciembre y una cosa llevó a la otra.
Mi epitafio

No es fácil vivir en el humor. Ya sabemos —bueno, lo sé yo y tengo la esperanza de haberos convencido— que es imposible vivir *todo el tiempo* en el humor. Pero todos conocemos a personas que en su relación con la vida utilizan con mucha frecuencia —llevan incorporado— el humor. Esta envidiable gentuza se mueve por la existencia con ese armamento como si se tratara de un órgano más que hace su trabajo sin que nos percatemos de que está ejecutando una labor. Con discreción, en el mejor de los casos, o de un modo notablemente excesivo. Incansablemente, en todo caso. Como los pulmones, la vejiga o las articulaciones.

Otros humanos tienen un humor más ocasional, más fulgurante, como el personaje que irrumpe en la obra repentinamente para distender una situación dramática y así dar un alivio ligero a la tensión en que se haya sumido el espectador. Son chispeantes, como una estrella fugaz que surge repentinamente, hace su corto recorrido —corto visto desde la Tierra— y desaparece en el cielo rutinario. Hay quién sonríe discretamente para sus adentros, y quién grita sus risotadas u ocurrencias sin conmoverse por los tímpanos de sus congéneres. Hay quién, con frecuencia, se descoyunta, se desarticula de la risa. Personas a las que el humor las disloca, literalmente. Hay casos de personas que se mueren de la risa. Incluso que se suicidan de la risa (no me pidáis pruebas).

—¿Cuáles fueron las últimas palabras del espía antes de suicidarse?
—No disparen.

Seguramente, dentro del abanico de los diferentes humores, el pliegue del llamado humor negro es el más delicado, el de más difícil manipulación. Quizá porque trata los temas menos blancos y accesibles a la mayoría, aquellos de peor digestión. El humor negro se nutre de los temas más polémicos y dolorosos para la sociedad humana. Es una línea humorística que, como otras, busca enfrentarse directamente con la ética y la moral, solo que la intervención de la muerte —su cercanía constante—, puede ponerla al límite de la tolerancia de según qué paladares.

—Hizo turismo en un campo minado porque le gustaba ir a todas partes.

¿Cuántos chistes hemos escuchado en los entornos aparentemente menos apropiados, menos oportunos para la expresión del humor, tales como velatorios, entierros o colonoscopias? En esos escenarios luctuosos se mezclan la tristeza y la culpa de un modo inevitable. Quizá sean los lugares más prohibidos los que, paradójicamente, con mayor eficacia convocan al humor, porque allí nos encontramos fronterizos de lo soportable y necesitamos un salvavidas —o un *engañavidas*— que nos mantenga a flote en mitad de la desnudez y la oscuridad de nuestras almas doloridas.

La muerte es poderosa. Invencible. Razón de más para reírnos de ella. Por la cuenta que nos trae. Encontramos cierto placer al mofarnos de esta señora. Desdramatizamos la evidencia inapelable: ante ella tenemos todas las de perder. Somos mortales. Y, también, somo los únicos seres mortales de la Creación con la capacidad de racionalizar que somos mortales. No podemos matar a la muerte pero sí que podemos morirnos de risa a costa de ella. A la larga, es imposible trascender a la muerte, pero, por la vía del humor sí que podemos, y vaya si lo hacemos, jugar a que somos seres tan poderosos que ni la muerte es capaz de arredrarnos y obligarnos a callar el chiste, el ingenio, incluso el gag que ella nos inspira.

La evidencia tangible, la amenaza cercana, la presencia casi física de la muerte invita naturalmente a la pena, al miedo, a la tristeza, al desgarro, pero también al ejercicio liberador del humor. El humor relativiza, analiza y sublima los estímulos a que nos enfrentamos. Incluso en los momentos más trágicos.

Me gusta imaginar a la misma Muerte como alguien que aprecia y destila un altísimo humor negro. Una entidad ya de vuelta de todo —no imagino a nadie tan *de vuelta de todo* como a ella—, esgrimiendo casi ante cada pensamiento, cada acción y cada palabra, un gesto, un guiño o, decididamente, un chiste.

—Mi amigo se murió un lunes. Vaya manera más tonta de empezar la semana.

La muerte es el ser menos solemne que puedo concebir. La pompa, el respeto mal entendido, los ropajes austeros y oscuros y la guadaña se los ponemos nosotros, seguramente por miedo a ofenderla e invitarla a la venganza. Ella sabe que, ante las cuestiones más espinosas, las tragedias —pequeñas o grandes—, esas que, como sentencia el habla popular, *no tienen remedio*, lo mejor es tomárselas con humor. Para algunos es natural. Para otros, difícil. Para muchos, imposible. Siempre, todos los casos, todas las reacciones, son muy comprensibles, porque el humor no impone. No puede imponer. El humor puede colarse de tapadillo, aparecer de forma imprevista o, incluso, mantenerse expectante, respirando apenas audible, al ralentí constante y, de buenas a primeras, emerger, mostrarse cuando elegimos abrirle la puerta o cuando él decide expresarse a nuestro pesar colándose por cualquier rendija. Faltaría más.

Ahora que me acerco al final de este ensayo, después de afinar el párrafo anterior, caigo en la cuenta de que, en definitiva, estas letras no son más que un sutil agradecimiento a quienes —habiéndolo aprendido vete tú a saber de qué modo, bien trayéndolo desde la cuna o, en cambio, siendo conscientes del proceso por el que lo han incorporado a su existencia— tienen con la vida una relación más o menos gozosa. Y no confundamos —que somos muy de confundir— una actitud alegre con una ilusa. Es mucha la gente —creo que más allá de geografías, economías y psicologías, hablamos de muchísimos millones— que puede vivir en un estado más o menos constante de vital y discreto regocijo.

Pues la Vida, la Muerte y yo agradecemos esa actitud a toda esa gente.

De corazón.